alfa

příručka účastníka kurzu

Alpha Manual
First published 1993

Published by Alpha International Publications, Holy Trinity Brompton,
Brompton Road, London SW7 1JA.

Šesté vydání 2012
Nakladatelství KMS, s.r.o.

Obsah

Úvodní setkání

Jde v životě ještě o víc?

Úvod

Ježíš řekl: *„Já jsem ta cesta, pravda i život" (Jan 14,6)*

- námitky
- nepochopení

Co má křesťanství společného s dnešním životem?

I Naděje pro ztracený svět

Otázky života

Odpovědi:
- potěšení
- peníze
- rodina
- vztahy

Ježíš: *„Já jsem ta cesta."*

II Co je ve zmateném světě skutečné

Záleží na tom, čemu věříme?
- pravda, jak ji chápeme
- pravda, jak ji prožíváme

Ježíš: *„Já jsem ta pravda."*

III Život v temném světě

- stvořeni k Božímu obrazu
- padli jsme do hříchu
- je nám odpuštěno v Kristu

Ježíš: *„Já jsem ten život."*

Závěr

- není nudné: jde o život v plnosti
- není nepravdivé: je to pravda
- není zbytečné: proměňuje celé naše životy

Doporučená literatura

Nicky Gumbel: Proč Ježíš? Nakladatelství KMS, s. r. o. 2002 (3. vydání).

1

KDO JE TO JEŽÍŠ?

Úvod

1) Existoval
   - Důkazy o Ježíši mimo Nový Zákon, k nimž patří díla těchto autorů:
   - Tacitus }
     římští historikové
   - Suetonius }
   - Josefus Flavius } židovský historik

   - Důkazy v Novém Zákoně

Sporná otázka: Jak víme, že to, co zapsali, se za ta léta nezměnilo?
F. F. Bruce

Dílo	*Kdy napsáno*	*Nejstarší dochovaná kopie*	*Časové rozpětí*	*Počet kopií*
Hérodotos	488–428 př. Kr.	900 n.l.	1 300 let	8
Thukydides	asi 460–400 př. Kr.	asi 900 n.l.	1 300 let	8
Tacitus	100 n. l.	1 100 n.l.	1 000 let	20
Ceasarova Galská válka	58–50 př. Kr.	900 n.l.	950 let	9–10
Liviova historie Říma	59 př. Kr.–17 n. l.	900 n.l.	900 let	20
Nový Zákon	40–100 n. l.	130 n.l. (350 n.l. celé rukopisy)	300 let	více než 5 000 řeckých, 10 000 latinských, 9 300 dalších

2) Byl celým člověkem

- lidské tělo — unavený *(Jan 4,6)*
hladový *(Matouš 4,2)*

- lidské emoce — hněv *(Marek 11,15–17)*
láska *(Marek 10,21)*
smutek *(Jan 11,32–36)*

- lidské zkušenosti — pokušení *(Marek 1,13)*
učení *(Lukáš 2,46–52)*
práce *(Marek 6,3)*
poslušnost *(Lukáš 2,51)*

Sporná otázka: Byl více než jen člověk?
Byl více než *„velký lidský náboženský učitel"*?
(Matouš 16,13–17)

I Co o sobě prohlašoval?

1) Vyučování zaměřené na něj samotného

- Já jsem
  „Já jsem chléb života" (Jan 6,35)
  „Já jsem světlo světa" (Jan 8,12)
  „Já jsem vzkříšení a život" (Jan 11,25–26)
  „Já jsem ta cesta, pravda i život" (Jan 14,6)
- *„Mé království" (Lukáš 22,30)*
- *„Pojďte ke mně" (Matouš 11,28–29)*
- *„Následujte mě" (Marek 1,17)*
- Přijímáte mě – přijímáte Boha *(Matouš 10,40; Marek 9,37)*
- Kdo vidí mne, vidí Boha *(Jan 14,9)*
- Nárokuje si od lidí tu nejvyšší lásku *(Matouš 10,37; Lukáš 14,26)*

2) Ježíšovy nepřímé výroky

- odpouští hříchy *(Marek 2,5)*
- soudí svět *(Matouš 25,31–32)*

3) Ježíšovy přímé výroky
- Mesiáš *(Marek 14,61–62)*
- Boží Syn *(Marek 14,61)*
- Bůh Syn
  „dříve než se Abrahám narodil, já jsem" (Jan 8,58)
  „Můj Pán a můj Bůh" (Jan 20,28)
  „tvrdí, že je Bůh" (Jan 10,33)

C. S. Lewis napsal:*„Člověk, který by byl pouhým člověkem a říkal takové věci, jaké říkal Ježíš, by nebyl velkým morálním učitelem."* Buď by to byl šílenec, nebo by to musel být sám „ďábel z pekla". *„Musíte si vybrat,"* píše. Buďto Ježíš byl a je Syn Boží, nebo to byl blázen či snad ještě něco horšího, pokračuje Lewis, *„ale nepřijímejme žádný blahosklonný nesmysl, jako že byl velký humánní učitel. Tuto otázku nenechal nevyřešenou. To nechtěl."*

II Jaké důkazy podporují to, co prohlašoval?

1) Jeho učení
   např. Kázání na hoře *(Matouš 5, 6, 7)*

2) Jeho skutky *(Jan 10,37–38)*

3) Jeho charakter

4) naplnil starozákonní proroctví

5) porazil smrt
   Důkazy o vzkříšení
   a) Jeho nepřítomnost v hrobě
      Vysvětlení: - Ježíš nezemřel *(Jan 19,34)*
      - učedníci ukradli tělo
      - vůdcové lidu ukradli tělo
      - zloději ukradli tělo *(Jan 20,1–9)*
   b) Jeho přítomnost mezi učedníky
      - Halucinace?

- Mnohá zjevení
  - aspoň při 10 různých příležitostech
  - více než 500 lidí
  - období šesti týdnů
- Povaha zjevení *(Lukáš 24,37–43)*

c) Okamžitý dopad
Zrození a růst křesťanské církve

d) Efekt během historie
Zkušenosti křesťanů během historie

Závěr

C. S. Lewis napsal: *„Stojíme tváří v tvář děsivé alternativě"*. Buď Ježíš byl (a je) právě tím, za koho se prohlašoval, nebo šílencem či ještě něčím horším. C. S. Lewisovi připadalo zřejmé, že nebyl ani šílenec ani ďábel v lidské podobě, a proto dochází k závěru: *„Ať už je to jakkoli divné, děsivé nebo nepravděpodobné, musím přijmout názor, že byl a je Bůh. Bůh přišel na tento nepřítelem okupovaný svět v lidské podobě."*

Doporučená literatura

C. S. Lewis: Bůh na lavici obžalovaných. Návrat domů 1997.
Nicky Gumbel: Otazníky života. Nakladatelství KMS, s. r. o. 2001 (2. vydání).
John Pollock: Ježíš – Mistrův život. Návrat domů 2001.
Lee Strobel: Kauza Kristus. Návrat domů 2002.

2

PROČ JEŽÍŠ ZEMŘEL?

Úvod

Kříž stojí v nejvlastnějším jádru křesťanovy víry *(1. Korintským 2,2)*

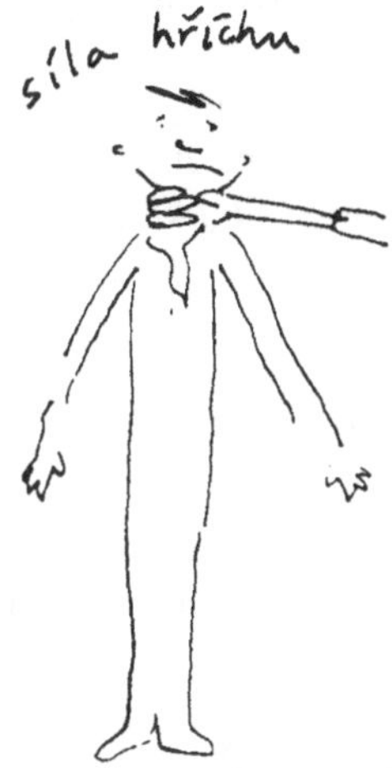

I Největší potřeba člověka

„Všichni zhřešili ..." (Římanům 3,23)

Následky hříchu:
- znečištění hříchem *(Marek 7,18–23)*
- moc hříchu *(Jan 8,34)*
- trest za hřích *(Římanům 6,23)*
- oddělení způsobené hříchem *(Iz 59,2)*

II Jaké je řešení problému?

(1. Petrova 2,24)
„Sebevydání Boží" (John Stott)
Utrpení kříže

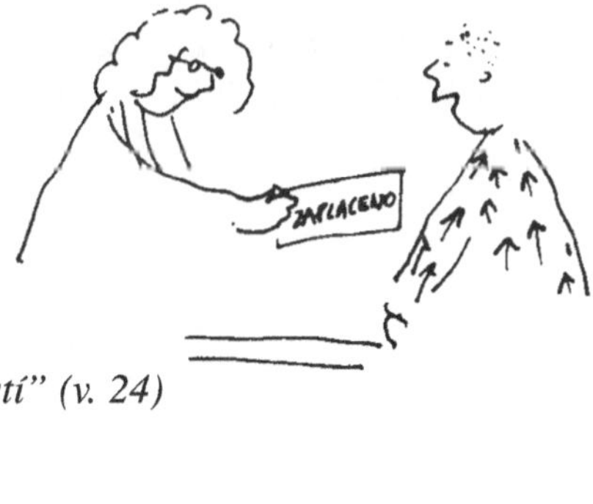

III Jaké to má důsledky?

(Římanům 3,21–26)

Čtyři místa:
- soudní síň
  „Ospravedlněni zadarmo jeho milostí" (v. 24)
  Odplata hříchu splacena

- tržiště
  „Vykoupení v Kristu Ježíši" (v. 24)
  Moc hříchu zlomena

- chrám
  „Jeho Bůh ustanovil za prostředek (doslova: oběť) *smíření skrze víru v jeho krev" (v. 25)*
  Znečištění hříchem bylo odstraněno

- domov
  Usmíření
  „Bůh byl ... v Kristu" (2. Korintským 5,19)
  Zrušeno oddělení hříchem od Boha

Závěr

„Boží spravedlnost" (Římanům 3,22, Izajáš 53,6)
Zemřel za tebe a za mne *(Galatským 2,20)*

Doporučená literatura:

Tomáš Dittrich: Ze smrti do života. KMS – Život víry 1994.
Josh McDowel: Více než tesař. CASD 1990.
Anselm Grün: 50 x Ježíš. Karmelitánské nakladatelství, s. r. o. 2002.
Billy Graham: Jak najít pokoj s Bohem. KMS – Život víry 1993.
Billy Graham: Jak se znovu narodit. Rada CB 1992.
Kateřina Lachmanová: Vězení s klíčem uvnitř. Karmelitánské nakladatelství, s. r. o. 2002 (3. vydání).

3

JAK ZÍSKAT VÍRU?

Úvod

„Když se někdo stane křesťanem, stane se uvnitř úplně novým člověkem. Už není stejný. Začal žít nový život"
(2. Korintským 5,17, přeloženo dle Living Bible)

Zkušenosti se liší – někteří tento rozdíl poznají hned ... jiní na to přicházejí postupně.

Když jsme přijali Krista,
stali jsme se Božími dětmi
(Jan 1,12) (varianta: „uvěřili a přijali")

Bůh chce, abychom měli jistotu

„Toto píšu vám, kteří věříte ve jméno syna Božího, abyste věděli, že máte věčný život" (1. Janova 5,13)

I Boží Slovo

Nesmíme důvěřovat svým pocitům, které se mění a klamou nás, ale spoléhat na Boží zaslíbení.

„Vejdu k němu" (Zjevení 3,20)

„Já jsem s vámi po všecky dny" (Matouš 28,20)

„Já jim dávám věčný život" (Jan 10,28)

Víra znamená vzít Boží zaslíbení a mít odvahu jim věřit.

II Ježíšovo dílo

Nemůžeme si zasloužit Boží odpuštění, ale Ježíš Kristus zemřel na kříži, abychom mohli být s Bohem usmířeni.

- Bůh nás miluje a zemřel, aby nám to dokázal *(Jan 3,16)*
- sám nesl naše hříchy *(Izajáš 53,6; 2. Korintským 5,21)*

III Svědectví Ducha

Když se někdo stane křesťanem, Boží Duch přichází, aby v něm přebýval *(Římanům 8,9)*

1) Proměňuje nás vnitřně
   - naše charaktery *(Galatským 5,22–23)*
   - naše vztahy

   Které z následujících změn
   jsi už prožil ve svém životě?

   - nová láska k Bohu
   - touha číst Bibli
   - smysl pro odpuštění
   - nový zájem o ostatní
   - radost z uctívání Boha
   - ouha setkávat se s ostatními křesťany

2) Přináší hluboké osobní ujištění,
   že jsem Boží dítě *(Římanům 8,15–16)*

Doporučená literatura

Dan Drápal: Hledání a jistota. KMS – Život víry 1997 (2. vydání).
Nicky Cruz: Utíkej, malý, utíkej. Křesťanský život.
Derek Prince: Setkání v Jeruzalémě. Logos 1991.

4

PROČ A JAK SE MODLIT?

I Co je to modlitba?

(Matouš 6,5–13)
Nejdůležitější činnost v našem životě
Je do ní zapojena celá Boží Trojice

1) K Otci
„k vašemu otci" (v. 6): imanence (je dosažitelný)
„v nebi" (v. 9): transcendence (přesahuje náš svět)
(Matouš 6)

2) Skrze Syna *(Efezským 2,18)*

3) V Duchu *(Římanům 8,26)*

II Proč se modlit?

1) Rozvíjíme vztah s Bohem

2) Příklad Ježíšův
(Marek 1,35; Lukáš 6,12; 9,18+28; 11,1)
„Když vy se modlíte"

3) Odměny modlitby *(Matouš 6,6)*
Radost *(Jan 16,24)*
Pokoj *(Filipským 4,6–7)*

4) Výsledky modlitby
(Matouš 7,7–11)

III Odpovídá Bůh vždy na modlitbu?

(Matouš 7,7–11)

ale: a) nevyznaný hřích *(Izajáš 59,2)*
b) neodpuštění *(Matouš 6,14–15)*
c) neposlušnost *(1. Janova 3,21–22)*
d) špatné motivy *(Jakub 4,2–3)*
e) nepochopení Boží vůle
„Dobré dary" *(Matouš 7,11)*
Ano / ne / čekej

Ne: *„Buď to není samo o sobě dobré, nebo to není dobré pro nás či pro ostatní, přímo či nepřímo, hned nebo až po čase."*
John Stott

IV Jak se modlit?

Příklad modlitby Páně *(Matouš 6,9–13)*

- *„Posvěť se jméno tvé"*
- *„Přijď království tvé"*
  - Boží vláda v životech lidí
  - návrat Ježíšův
  - přítomnost Božího království nyní
- *„Buď vůle tvá jako v nebi, tak i na zemi"*
- *„Chléb náš vezdejší dej nám dnes"*
  „Vše potřebné k zachování života, jako je jídlo, zdravé tělo, dobrá voda, dům, domov, manželka, děti, dobrá vláda a pokoj".
  Martin Luther
- *„Odpusť nám naše viny, jakož i my odpouštíme našim viníkům"*
- *„Neuveď nás v pokušení, ale zbav nás od zlého"*

V *Kdy se modlit?*

1) s ostatními *(Matouš 18,19)*

2) sami *(Matouš 6,6)*
pravidelný model } *(Marek 1,35)*
nejlepší část dne }

3) vždy *(1. Tesalonickým 5,17)*
(Efezským 6,18)

Doporučená literatura

Wesley L. Duewel: Zasáhnout svět modlitbou. Eirene 1997.
Joyce Hugett: Modlitba. Křesťanský život 1996.
P. Yonggi Cho: Modlitba – klíč k probuzení. KMS 1990.
M. Basilea Schlinková: Moje zkušenosti s modlitbou. Luxpress.
Friehold Vogel: Odvaha k modlitbě. ECM.

5

PROČ A JAK BYCH MĚL ČÍST BIBLI?

Úvod

(Žalm 1,1–3)

nejpopulárnější kniha

nejmocnější kniha

nejvzácnější kniha

I Bůh promluvil – zjevení

(2. Timoteovi 3,15–17)
‚theopneustost' – Bohem vdechnutý

Proto je naší autoritou:

- k učení
- k usvědčování
- k nápravě
- k výchově ve spravedlnosti

je tedy naší učebnicí pro život

II Bůh mluví – vztah

„Spaseni vírou v Krista" (2. *Timoteovi 3,15; Jan 5,39–40)*

1) Těm, kteří nejsou křesťané
(Římanům 10,17; Jan 20,31)

2) Těm, kteří jsou křesťané
- Být jako Ježíš *(2. Korintským 3,18)*
- Radost a pokoj uprostřed bouří *(Žalm 23,5)*
- Vedení *(Žalm 119,105)*

- Zdraví / uzdravení *(Přísloví 4,20–22)*
- Obrana proti duchovnímu útoku *(Matouš 4,1–11)*
- Moc *(Židům 4,12)*
- Očištění *(Jan 15,3)*

III Jak slyšíme Boha mluvit skrze Bibli?

1) Čas
   Mít dopředu plán
   Rozvíjet pravidelný model

2) Místo
   „Pusté místo" (Marek 1,35)

3) Metoda
   a) Proste Boha, aby mluvil

   b) Přečtěte si pasáž
   (snažte se používat pomůcky ke čtení Bible)

   c) Ptejte se sami sebe:
   - Co se zde říká?
   - Co to znamená?
   - Jak to lze uplatnit v životě?

   d) Zareagujte modlitbou

   e) Uveďte to do praxe
   „Každý, kdo slyší tato má slova a plní je ..." (Matouš 7,24)

Závěr

(Žalm 1,1–3)
- nést ovoce
- vytrvalost
- prosperita (ne nutně materiální)

Doporučená literatura

Bible.

Kay Arthur: Jsi tam, Pane? KMS 1996.

Kay Arthur: Jak studovat svou Bibli. Nakladatelství KMS, s. r. o. 1999.

F. F. Bruce: Věrohodnost Nového zákona. Návrat domů 1992.

Gordon Fee, Douglas Stuart: Jak číst Bibli s porozuměním. Návrat domů 1999.

6

JAK NÁS BŮH VEDE?

Úvod

Rozhodnutí, např. manželství, práce, domov, peníze, dávání, prázdniny, využití času, majetek atd.

1) Bůh zaslibuje, že nás povede
   (Žalm 32,8; Jan 10,3–4)

2) Bůh má dobrý plán pro naše životy
   (Jeremjáš 29,11; Římanům 12,2)

3) Než uděláme důležitá rozhodnutí,
   potřebujeme se poradit s Bohem.
   (Izajáš 30,1–2)
   Nejlepším příkladem je Ježíš *(Lukáš 4,1; Jan 5,19)*

4) Náš postoj musí být pokorný *(Žalm 25,9+14)*
   „Jsem služebnice Páně a jsem ochotna udělat, cokoliv On chce"
   (Lukáš 1,38 – Living Bible)
   Žalm 37,5+6

I Nároky Písma

1) obecná vůle
   (2. Timoteovi 3,16)
   Obecné pokyny ohledně manželství, práce, peněz, dětí,
   vztahů ke starším

2) konkrétní vůle
   (Žalm 119,105+130–133)
   může ti dát na mysl konkrétní verš

II Vedení Duchem

„znají jeho hlas" (Jan 10,3–4; Skutky 16,7)

1) Bůh mluví, když se modlíte
   (Skutky 13,1–3)
   - dobrá myšlenka
   - intenzivní dojmy
   - pocity

   Potřeba ověření *(1. Janova 4,1)*
   - je to z lásky? *(1. Janova 4,16)*
   - je to posilující, povzbuzující a utěšující? *(1. Korintským 14,3)*
   - přináší to Boží pokoj? *(Koloským 3,15)*

2) Silná touha něco udělat
   „chcete i činíte, co se mu líbí" (Filipským 2,13)

3) Někdy nás Bůh vede neobvyklými způsoby
   - proroctví, např. Agabus *(Skutky 11,27–28; 21,10–11)*
   - sny *(Matouš 1,20)*
   - vidění / obrazy *(Skutky 16,10)*
   - andělé *(1. Mojžíšova 18, Matouš 2,19, Skutky 12,7)*
   - slyšitelný hlas *(1. Samuelova 3,4–14)*

III Zdravý rozum

„Nebuďte jako kůň či mezek bez rozumu: toho zdobí ohlávka a uzda na zkrocení" (Žalm 32,9)

„Uvažuj o tom, co říkám. Pán ti dá, abys všechno pochopil" (2. Timoteovi 2,7)

„Bůh nám nezaslíbil, že nás povede, proto, abychom nemuseli přemýšlet."
John Stott
např. manželství, práce / povolání

(1. Korintským 7,17–24)

IV Rada jiných křesťanů

„Kdo poslouchá rady, je moudrý" (Přísloví 16,9)

„Plány selžou bez společné porady, kdežto při množství rádců se uskuteční" (Přísloví 15,22)

„Úmysly se zajišťují poradou" (Přísloví 20,18)

ALE:

- Kdo má zodpovědnost?
- S kým bychom se měli poradit?

V Okolnosti

„Člověk uvažuje v srdci o své cestě, ale jeho kroky řídí Hospodin" (Přísloví 16,9)
Někdy Bůh zavře dveře *(Skutky 16,7)*
Někdy Bůh dveře otevře *(1. Korintským 16,9)*

Dívej se na okolnosti, ale nepřikládej jim moc velkou váhu.
Někdy musíme vytrvat i vzdor okolnostem.

Závěr

1) Nespěchej
   „A protože byl Abraham trpělivý, dosáhl splnění Božího slibu" (Židům 6,15)
2) Všichni chybujeme – Bůh odpouští *(Joel 2,25)*

Doporučená literatura

Loren Cunningham: Bože, jsi to ty? KMS 1992.
Derek Prince: Životní cíl – činit Boží vůli. B. Šípek.
Derek Prince: Milost poddání se. Logos 1990.

1. SETKÁNÍ NA VÍKENDU
KDO JE TO DUCH SVATÝ?

Úvod

Dlouhou dobu byly v církvi osoba a dílo svatého Ducha:

přehlíženy - větší soustředěnost na Otce a Syna

nepochopeny - ‚svatý Duch' je ‚osoba', ne ‚věc'

odmítány - on nám chce vládnout

I Ve Starém Zákoně

1) Účastnil se stvoření
   - z chaosu udělal řád *(1. Mojžíšova 1,2)*
   - dal život člověku *(1. Mojžíšova 2,7)*

2) Sestupoval na konkrétní lidi v konkrétních chvílích ke konkrétním úkolům, např.:
   - Besaleel – k umělecké práci *(2. Mojžíšova 31,1–5)*
   - Gedeon – k vedení *(Soudců 6,14–16+34)*
   - Samson – k síle *(Soudcům 15,14–15)*
   - Izajáš – k proroctví *(Izajáš 61,1–3)*

3) Zaslíbení ‚něčeho nového‘
- *„Všichni mě budou znát" (Jeremiáš 31,31–34)*
- *„Vložím do vás svého Ducha" (Ezechiel 36,26–27)*
- Řeka plynoucí z chrámu *(Ezechiel 47)*
- *„Vyleji svého Ducha na každé tělo" (Joel 3,1–2)*

Avšak tato proroctví zůstala nejméně 300 let nenaplněna.

II V Novém Zákoně

1) S příchodem Ježíše Krista začíná intenzivní činnost Ducha:
Jan Křtitel *(Lukáš 1,14–15)*
Marie *(Lukáš 1,35)*
Alžběta *(Lukáš 1,41)*
Zachariáš *(Lukáš 1,67)*
Simeon *(Lukáš 2,25–27)*
ale stále jen na několika konkrétních lidech

2) Jan Křtitel je spojovacím článkem s Ježíšem
(Lukáš 3,16)
V řečtině *„baptidzó"* = utopit, ponořit, potopit, namočit

3) Ježíš, Duchem naplněný člověk
Ježíš přijal moc skrze pomazání svatým Duchem při svém křtu
(Lukáš 3,22)
(Lukáš 4,1+14+18)

4) Ježíš předpovídal přítomnost Ducha
(Jan 7,37–39)

5) Říká jim, aby počkali ve městě, dokud nebudou oděni mocí z výsosti
(Lukáš 24,49)
(Skutky 1,4+5+8)

O letnicích byli učedníci naplněni Duchem a přijali:
- nové jazyky *(Skutky 2,4–12)*
- novou smělost *(Skutky 2,14)*
- novou moc *(Skutky 2,37–41)*

„Když to lidé slyšeli, byli zasaženi v srdci a řekli Petrovi i ostatním apoštolům:
‚Co máme dělat, bratří?‘ ... a přidalo se k nim toho dne na tři tisíce lidí"
(Skutky 2,37+41)

Závěr

Žijeme v době Ducha. Bůh zaslíbil, že dá svého Ducha každému křesťanu.
(Skutky 2,38–39)

Doporučená literatura

Bob Gordon: Duch svatý. Křesťanský život 1995.

2. SETKÁNÍ NA VÍKENDU

CO SVATÝ DUCH DĚLÁ?

Úvod

Nové narození *(Jan 3,5–7)*
narozen do rodiny

I Synové a dcery Boží

1) odpuštění *(Římanům 8,1–2)*

2) synovství *(Římanům 8,14–17)*
   - největší výsada *(v. 14)*
   - nejužší společenství *(v. 15)*
   - nejhlubší zkušenost *(v. 16)*
   - nejjistější naděje *(v. 17)*

II Rozvíjení vztahu

Efezským 2,18

1) pomáhá nám modlit se *(Římanům 8,26)*
2) umožňuje nám rozumět Božímu Slovu *(Efezským 1,17–18)*

III Rodinní příslušníci si jsou podobní

Galatským 5,22–23
2. Korintským 3,17–18

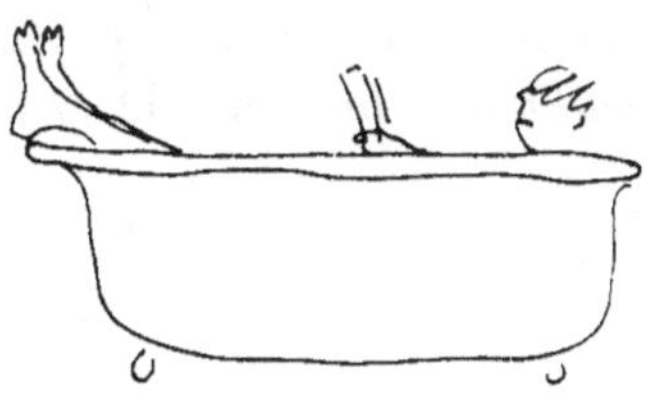

IV Jednota v rodině

Efezským 4,3–6

V Dary pro všechny děti

Každý člen rodiny je jiný
(1. Korintským 12,1–11)

- dary zdarma
- každému
- ke společnému prospěchu

VI Rostoucí rodina

- dává nám sílu svědčit o Kristu
- moc ke službě *(Skutky 1,8)*

Závěr

Každý křesťan má Ducha svatého *(Římanům 8,9),* ale ne každý křesťan je naplněn Duchem.

„Buďte naplňováni" *(Efezským 5,18–20)*
Jak? *(Zjevení 22,17)*

Doporučená literatura

Benny Hinn: Dobré ráno, Duchu svatý. B. Šípek 1996.
Kathryn Kulmanová: Dary Ducha svatého. Křesťanský život.

3. SETKÁNÍ NA VÍKENDU

JAK MOHU BÝT NAPLNĚN DUCHEM?

I Co se stane, když lidé prožijí zkušenost se svatým Duchem?

Vylití svatého Ducha ve Skutcích:

1) Letnice *(Skutky 2,2–4)*
2) Samaří *(Skutky 8,14–17)*
3) Pavel *(Skutky 9,17–19)*
4) Efez *(Skutky 19,1–6)*

II Co prožili?

Co se stalo s Kornéliem a jeho domácností, když na ně sestoupil svatý Duch? *(Skutky 10,44–46)*

1) Prožili moc svatého Ducha
   „Duch svatý sestoupil... a bratří židovského původu .... žasli" (Skutky 10,44–45)

   Každý prožívá tuto zkušenost jinak. *(Skutky 8,16)*
   (Efezským 3,17b–20)
   (Římanům 5,5)
   Ovoce Ducha

2) Prožili volnost ve chvále
   „Vždyť je slyšeli ... velebit Boha" (Skutky 10,46)
   - strach z emocí
   - všechny vztahy by měly zahrnovat emoce
   - soukromí versus veřejnost
   - emoce versus emocionalismus

3) Přijali nový jazyk
„Vždyť je slyšeli mluvit jazyky" (Skutky 10,46)

a) Co je to dar jazyků?
- způsob modlitby *(1. Korintským 14,2)*
- buduje jednotlivce
- překonává jazykové bariéry *(1. Korintským 14,14)*
- mluvící má plnou vládu nad projevem

b) Ne všichni křesťané mluví jazyky
- není to znak podmiňující naplnění Duchem
- nejsou křesťané první a druhé třídy
- není to nejdůležitější dar

c) Proč je prospěšný?
- chvála / uctívání
- modlitba za sebe
- modlitba za druhé
- Shoduje se to s Novým Zákonem?
  (1. Korintským 14)

kontext: přehnané používání na veřejnosti
Avšak ... *(v. 39, v. 5, v. 18)*
Soukromí versus veřejnost

d) Jak přijmete tento dar?
- *„Horlivě usilujte" (1. Korintským 14,1)*
- proste Boha
- spolupracujte se svatým Duchem
- věřte
- vytrvejte

III Jaké jsou nejčastější překážky naplnění Duchem?

Tři nejčastější překážky
(Lukáš 11,9–13)

- pochybnosti *(v. 9–10)*
- strach *(v. 11–13)*
- pocit nehodnosti *(v. 13)*

Doporučená literatura

David Wilkerson: Dýka a kříž. Křesťanský život 1990 (a další vydání).

7

JAK ODOLAT ZLÉMU?

Úvod

Realita duchovního boje

Satan = Padlý anděl?	*(Izajáš 14; Lukáš 10,17–20)*
Starý Zákon:	*(Jób 1,1; Paralipomenon 21,1)*
Nový Zákon:	Osobní duchovní bytost, která je v aktivní vzpouře proti Bohu a která vede mnoho sobě podobných démonů. *(Efezským 6,11–12)*

Nepodceňujme jej
- mocný
- zlý
- vychytralý

I Proč věřit v existenci ďábla?

1) je to biblické (Písmo)

- Starý Zákon
- Ježíš
- Petr *(1. Petrova 5,8–11)*
- Pavel *(Efezským 6,11–12)*

2) křesťané během historie (tradice)
- církevní otcové
- reformátoři
- obyčejní křesťané

3) běžné vnímání / rozum

Chybné přístupy
- Nezdravý zájem *(5. Mojžíšova 18,10)*
- Nevěra

II Jaká je ďáblova taktika?

1) ničit *(Jan 10,10)*

2) zaslepovat lidi *(2. Korintským 4,4)*

3) pochybnosti *(1. Mojžíšova 3; Matouš 4,3+6)*

4) pokušení *(1. Mojžíšova 3,6)*
povolení, zákaz, trest

následky neposlušnosti *(1. Mojžíšova 3)*
- ostuda / stud *(v. 7)*

- přátelství s Bohem je přerušeno
„schovali se" (v. 8)
„báli se" (v. 10)

- vinili jeden druhého *(v. 12)*

5) Obviňování
- Boha
- lidí před Bohem *(Zjevení 12,10)*

III Postavení křesťana

Koloským 1,13

Vláda temnoty	Království světla
Satan	Ježíš
Hřích	Odpuštění
Otroctví hříchu	Boží Služebníci
Smrt	Život
Zkáza	Záchrana

Satan byl poražen na kříži *(Koloským 2,15)*
Ježíšovým učedníkům byla dána autorita nad démony *(Lukáš 10,17–20)*

IV Jak se můžeme bránit?

„Oblecte plnou Boží zbroj, abyste mohli odolat ďáblovým svodům" (Efezským 6,11)

1) pás pravdy *(v. 14)*
základy křesťanského učení / pravdy, abychom mohli čelit satanovým lžím *(Jan 8,32)*

2) pancíř spravedlnosti *(v. 14)*
spravedlnost Kristova, která nám byla dána *(Filipským 3,9)*
chránit srdce před vinou a odsouzením

3) boty ke službě evangelia pokoje *(v. 15)*
připravenost mluvit o Kristu *(Izajáš 52,7–10)*

4) štít víry *(v. 16)*
opak cynismu a skepse

5) přilba spasení *(v. 17)*
minulé, současné, budoucí
chránit mysl před pochybami a obviňováním

6) meč Ducha *(v. 17)*
Boží Slovo
jediná útočná zbraň výzbroje *(Židům 4,12)*

V Jak útočit?

„Celý svět je pod mocí Zlého" (1. Janova 5,19)

Boží království se šíří skrze:

1) modlitbu
„Zbraně našeho boje nejsou světské, ale mají od Boha sílu bořit opevnění" (2. Korintským 10,4)

2) skutky *(Lukáš 7,22)*
- kázání evangelia
- vymítání démonů
- uzdravování nemocných, atd.

Doporučená literatura

Neil T. Anderson: Vítězství nad temnotou. Návrat domů 1996.
W. C. Dam: Okultismus a křesťanská víra. Ichthys 1991.
C. S. Lewis: Rady zkušeného ďábla. Návrat domů.
Derek Prince: Požehnání, nebo kletba, vyber si! B. Šípek 1994.

8

PROČ A JAK MLUVIT S DRUHÝMI LIDMI O VÍŘE?

Úvod

- Velké poslání *(Matouš 28,16–20)*
- Potřeby druhých
- Evangelium = dobrá zpráva (o Ježíši)

Dvě protikladná nebezpečí:

- necitlivost
- strach

Klíč = vychází ze vztahu
spolupráce s Božím Duchem

I Životní styl

(Matouš 5,13–16)
Jsme povoláni, abychom byli solí a světlem
(v. 13–14)

Když lidé vědí, že jsme křesťané,
sledují náš život *(v. 16)*

např. manželé
„ ... i když se někteří z nich vzpírají Božímu slovu, můžete je beze slov získat svým jednáním, když uvidí váš čistý život v bázni Boží" (1. Petrova 3,1–2)

II Argumentace

„Protože tedy známe bázeň před Pánem, přesvědčujeme lidi" (2. Korintským 5,11)

Skutky 17,2–4

Připravte si odpovědi na běžné otázky
např.„A co jiná náboženství?"
„Jak může láskyplný Bůh dopustit utrpení?"

III Zvěstování

(Jan 1,39–42)

1) *„Pojďte a uvidíte"*
Nejsme všichni povoláni k tomu, abychom byli „evangelisty", ale všichni jsme povoláni, abychom byli „svědky" *(v. 41)*

2) vyjádřete se
(viz „Poznámky, jak říct, jak jsem uvěřil" na konci kapitoly)

IV Moc

1) jdi a řekni
2) zázrak vzbuzuje velký zájem! *(Skutky 3)*

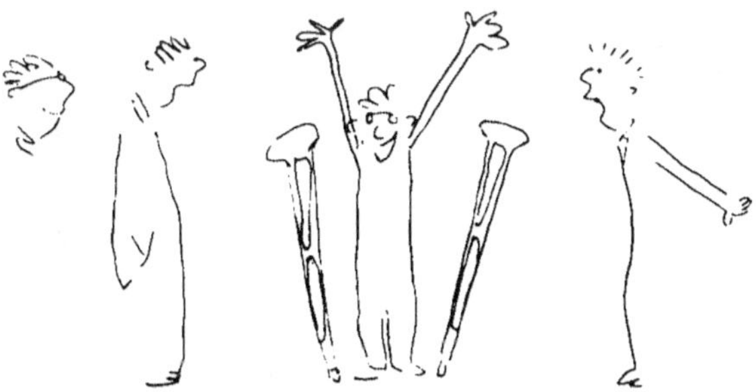

V *Modlitba*

- za ně – aby jim Bůh otevřel oči *(2. Korintským 4,4)*
- za sebe – abychom měli smělost *(Skutky 4,29–31)*

Závěr

Nevzdávejte to

Římanům 1,16

Doporučená literatura

Reingard Bonnke: Evangelizace ohněm. CfAN 1997.
John Wimber: Evangelizace Boží mocí. Ichthys 1991.

POZNÁMKY, JAK ŘÍCT, JAK JSEM UVĚŘIL

Příprava svědectví

Připomínky:

a) připravte si ho krátké, snažte se asi o 3 minuty – poté lidé přestávají vnímat

b) ať je osobní – nedělejte z něj kázání. Používejte zájmena *„já"*, *„my"*, ne *„vy"*

c) v centru vašeho svědectví ať je stále Kristus – je třeba, aby následovali Ježíše, ne vás

d) obsah:
- něco málo z vašeho dřívějšího života
- jak se stalo, že jsi se setkal s Kristem a navázal s ním vztah
- něco o tom, co to od té doby znamená

e) celé si je napište – když je váš projev na papíře, je snazší ho posoudit!

Modlitba přijetí:

Pane Ježíši Kriste,
lituji věcí, které jsem ve svém životě udělal špatně. (Poproste o odpuštění za konkrétní věci, které tíží vaše svědomí). *Prosím, odpusť mi. Nyní se odvracím od všeho, co je zlé.*

Děkuji Ti, že jsi za mě zemřel na kříži, abych mohl dojít odpuštění a být osvobozen.

Děkuji Ti, že mi nyní nabízíš tento dar odpuštění a svého Ducha. Nyní tento dar přijímám.

Prosím, vejdi do mého života skrze svého svatého Ducha, abys se mnou byl navždy.

Děkuji Ti, Pane Ježíši. Amen.

9

UZDRAVUJE BŮH I DNES?

Úvod

Zkušenosti našeho společenství s modlitbami za uzdravení.
Naše vlastní zkušenost

I Biblický základ

1) Starý Zákon
   - Boží zaslíbení
     (např. 2. Mojžíšova 23,25–26; Žalm 41,4)
   - Boží charakter
     „Já jsem Hospodin, já tě uzdravuji" (2. Mojžíšova 15,26)
   - Příklady Božího uzdravení
     (2. Královská 5; Izajáš 38,39)

2) Ježíšova služba
   - Jeho učení
     Ježíš Boží království *(Marek 1,14)* vyhlašoval a demonstroval.
   - Jeho uzdravování
     25% evangelií
   - Jeho vysílání
   - vyslání dvanácti *(Matouš 9,35–10,8)*
   - vyslání dvaasedmdesáti *(Lukáš 10,1–20)*
   - vyslání učedníků *(Matouš 28,16–20; Marek 16,15–20; Jan 14,9–14 – zvlášť v. 12)*

3) prvotní církev
   mnoho příkladů uzdravení a zázraků
   (Skutky 3,1–10; Skutky 5,12–16)

II Historie prvotní církve

např. Ireneus (140–203)
Origenes (asi 185–254)
Augustin (354– 30)

III Praxe

1) jednoduchost

2) láska
Marek 1,41
Matouš 9,36

3) slova poznání
- obrazy
- shodná bolest
- dojmy
- slyšení či vidění slov

4) modlitba
- kde to bolí?
- proč je ten člověk v takovém stavu?
- jak se mám modlit?
- jak se cítí?
- co dál?

Závěr

Vytrvejte

Doporučená literatura

Dan Drápal: Uzdravování. KMS – Život víry 1993.
John Wimber: Uzdravení. Ichthys 1991.

10

A CO CÍRKEV?

Úvod

Častá nepochopení:

- Církev = bohoslužby
- Církev = duchovenstvo (kněží, pastoři)
- Církev = konkrétní denominace (tj. jedna z různých církví)
- Církev = budova (kostel)

Co je to církev?

I Boží lid (1. Petrova 2,9–10)

Řecké slovo *„ekklesia"* = shromáždění nebo setkání lidí
Církev / Království

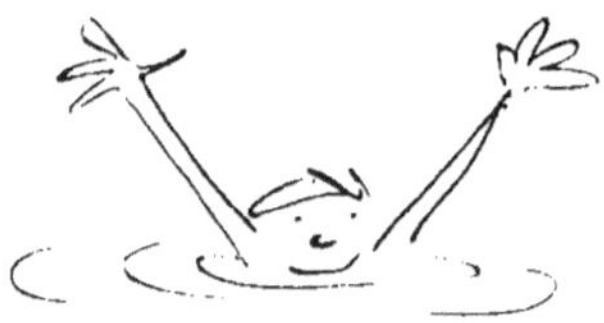

Křest je viditelným znamením toho, že jste členem církve

Křest vyjadřuje:

- Očištění od hříchu *(1. Korintským 6,11)*
- Ztotožnění se s Kristovou smrtí a vzkříšením *(Římanům 6,3–5; Koloským 2,12)*
- Pečeť Ducha *(1. Korintským 12,13)*

1) Obecná církev *(Efezským 3,10,21; 5,23+25)*
   Dnes je na světě 1 900 milónů křesťanů.
   - pronásledovaná církev
   - třetí svět
   - svobodný svět

2) Místní církve (sbory, farnosti)
„Církve v Galacii" (1. Korintským 16,1)
„Církve v provincii Ásii" (1. Korintským 16,19)
„Všecky církve Kristovy" (Římanům 16,16)

- Oslava
  Bohoslužby - slavnostní příležitosti (Velikonoce, letnice, Nový rok)
  - vědomí Boží velikosti
  - nevýhoda: je těžké se spřátelit
- Společenství
  - dostatečně malá, abychom se navzájem znali
  - jedni slouží druhým *(Efezským 4,12)*
  - používání darů Ducha *(1. Korintským 12,7–11)*
  - otevřená skupina
- Domácí skupinka
  - malé skupiny
  - blízcí přátelé
  - základní principy ~ důvěrnost
    ~ intimita
    ~ zodpovědnost *(1. Janova 4,19)*

II Boží rodina (Efezským 2,14–18)

- Bůh jako náš Otec *(Jan 1,12)*
  Důležitost jednoty
  Ježíš se modlil *„aby byli jedno" (Jan 17,11)*
  „Usilovně hleďte zachovat jednotu Ducha" (Efezským 4,3)
  „V důležitých věcech jednota, ve sporných svoboda a ve všem láska."
  Rupertus Meldenius

- Bratři a sestry jeden druhému *(1. Janova 7,19–5,1)*
  Věrnost *(Galatským 6,10)*
  Odpuštění *(Matouš 18,15.35; Matouš 5,23–24)*
  Obecenství *(Skutky 2,42–47)*
  - obecenství s Bohem – Otcem, Synem a Duchem svatým *(1. Janova 1,3; 2. Korintským 13,14)*
  - a jedni s druhými *(1. Janova 1,7; Židům 10,24–25)*

III Tělo Kristovo (1. Korintským 12,1–26)

„Saule, Saule, proč mne pronásleduješ?" (Skutky 9,4)

- Jednota *(Efezským 4,3–6)*
  „jednota Ducha"
- Rozdílnost *(v. 7–11)*
  „každému z nás byla dána milost"
- Vzájemná závislost *(v. 14–26)*
  „buduje se v lásce podle toho, jak je každé části dáno"

IV Svatý chrám (Efezským 2,19–22)

- Postaven na základě apoštolů a proroků *(v. 20)*
  Nový Zákon
- Úhelným kamenem je Ježíš *(v. 20)*
- Přebývá v něm Boží Duch *(v. 21)*
  „svatý chrám"

V Nevěsta Kristova (Efezským 5,25–27+32)

- Kristova láska k jeho církvi *(v. 25)*
- Kristův záměr s jeho církví *(v. 27; Zjevení 21,2)*
- Naše odpověď *(1. Petrova 2,9)*
  - svatost
  - uctívání
  - svědectví

Doporučená literatura

Charles Colson: Jak milovat Boha. Biblos.
Wesley L. Duevel: Oheň probuzení. Eirene 1997.
Floyd McClung: Otče, sjednoť nás. Logos 1991.
Bob Slosser: Říkali mu pan Letnice. KMS 1996.

4. SETKÁNÍ NA VÍKENDU

JAK MOHU PROŽÍT ZBYTEK ŽIVOTA CO NEJLÉPE?

Římanům 12,1–21

I Co bychom měli dělat?

1) rozejít se s minulostí
„Nepřizpůsobujte se tomuto věku" (v. 2)
„Nechť vás svět okolo vás nevmáčkne do své formy" (v. 2, z anglického překladu J. B. Phillipse)

2) začněte znovu
„Ať vás Bůh vnitřně promění celkovou proměnou" (z anglického překladu NEB)
- upřímná láska *(v. 9)*
- nadšení pro Pána *(v. 11)*
- harmonické vztahy *(v. 9–21)*

II Jak na to?

- *„přinášejte svá těla ..." (v. 1)*
Skutek vůle
  - uši
  - oči
  - ústa
  - ruce
  - sexualita
  - čas
  - ambice *(Matouš 6,33)*
  - peníze

- *„.. jako živou oběť" (v. 1)*
  Bude to zahrnovat oběť
  Bude to možná znamenat utrpení

III Proč bychom to měli dělat?

- Co Bůh naplánoval pro naši budoucnost
  „dobré, Bohu milé a dokonalé" (v. 2)
- Co Bůh pro nás udělal
  „pro Boží milosrdenství" (v. 1)

Doporučená literatura

Jiří Dohnal: Operace bez narkózy, KMS 1997.
Derek Prince: Milost poddání se, Logos 1990.

Chcete se dozvědět víc o kurzech Alfa?

Česká kancelář kurzů ***Alfa***
KMS
Primátorská 41
180 00 Praha 8

tel.: 284 841 922
fax: 284 841 923
e-mail: info@kurzyalfa.cz
http://www.kurzyalfa.cz

alfa

příručka účastníka kurzu

Z anglického originálu přeložila Jana Kopová
Redakce: Ing. arch. Tomáš Dittrich
Ilustrace: Charlie Mackesy
Sazba: Olga Hrdinová, Lenka Kodlová

První vydání 1998
Šesté vydání 2012
Nakladatelství KMS, s. r. o.
Primátorská 41, 180 00 Praha 8

Tisk: Grafotechna Print, s. r. o.
Lýskova 1594/33, Praha 13-Stodůlky

ISBN 978-80-86449-86-9

www.ingramcontent.com/pod-product-compliance
Lightning Source LLC
LaVergne TN
LVHW010747270826
846327LV00013B/90
9788086449869